Dirección editorial Mª Jesús Díaz

Adaptación y diseño / Adaptation & design *delicado diseño*
Traducción / Translation Robert Steane & Steve Owen
Revisión Isabel López
Revisión de texto inglés Carole Patton
Maquetación / Lay-out Lourdes González
Ilustraciones / Illustrations Francesc Ràfols

C/ Campezo, 13 - 28022 Madrid
Tel.: 91 3009100 - 91 3009118
www.susaeta.com

D.L.: M-39929-MMXIII

CLÁSICOS ESPAÑOL-INGLÉS • CLASSICS SPANISH-ENGLISH

Veinte mil leguas de viaje submarino
20,000 Leagues Under the Sea

Julio Verne

Ilustraciones / Illustrations:
Francesc Ràfols

PERSONAJES / CHARACTERS

Pierre Aronnax / Pierre Aronnax

Profesor del Museo de Historia Natural de París, que acompañará al capitán Nemo en su exploración del fondo submarino. Es quien más disfruta del viaje.

Professor from the Museum of Natural History in Paris, who is to accompany Captain Nemo in his exploration of the sea bed. He is the one who enjoys the journey the most.

Conseil /Conseil

Criado del profesor Aronnax, al que siempre acompaña y ayuda en sus clasificaciones científicas de animales. Es además un fiel amigo.

Professor Aronnax's manservant. He accompanies him everywhere and helps him in the scientific categorisation of animals. He is also a faithful friend.

Farragut / Farragut

Comandante que dirige la fragata *Abraham Lincoln* en busca del monstruoso narval. Es un buen marino, muy decidido a luchar hasta el final.

Commander in charge of the frigate *Abraham Lincoln,* seeking the monster narwhal whale. He is an excellent seaman and always determined to fight to the end.

Ned Land / Ned Land

Este canadiense es el rey de los arponeros, pues nadie le supera cazando ballenas. Aunque impetuoso y poco comunicativo, sabrá entenderse con el profesor Aronnax.

Canadian king of the harpooners; no one is better than him at catching whales. Although impetuous and taciturn, he gets on with Professor Aronnax.

Capitán Nemo / Captain Nemo

Es el capitán del *Nautilus,* aunque nunca sabremos quién es realmente, pues su vida anterior quedará en el misterio; sí descubriremos su generosidad y sabiduría.

The captain of the *Nautilus,* we never know who he really is, as his earlier life remains shrouded in mystery; though we do learn about his generosity and wisdom.

Tripulantes del *Nautilus* / *Nautilus* Crew Members

Son los hombres que acompañan al capitán Nemo en el submarino. Lo ayudaron a construir el *Nautilus* y su destino va unido al del capitán.

The men who are to accompany Captain Nemo in his submarine. They helped him to build the *Nautilus* and their fate is intertwined with that of the captain.

Índice / Index

Capítulo 1 / Chapter 1

El monstruo misterioso
The Mysterious Monster

El año 1866 permanece en la memoria de todos por un acontecimiento extraño. Varios barcos de Europa y América se habían encontrado en el mar con «una cosa enorme», larga y a veces fosforescente, muchísimo más grande y rápida que una ballena.

Todo el mundo hablaba de ello y cada uno se imaginaba un monstruo diferente. El asunto se convirtió en serio problema cuando los barcos empezaron a chocar con él o incluso a ser atacados, como le sucedió al *Scotia,* que fue perforado en su fuerte chapa.

La opinión pública se volvió tremendamente apasionada y todos los siniestros marítimos se le atribuyeron al monstruo, de

The year 1866 is remembered by everyone because of a strange event. Several ships from both Europe and America had, on the high seas, encountered "an enormous thing", long and sometimes phosphorescent, much bigger and faster than a whale.

Everyone was talking about it and each person imagined a different monster. The incidents became a serious problem when the ships started to collide with it or even be attacked by it, as happened to the *Scotia* whose strong sheet iron plates were pierced. Public opinion was inflamed, and soon all maritime accidents were being attributed to the monster. And so people demanded that the creature be got rid of.

modo que se pidió acabar con este temible cetáceo.

Yo, Pierre Aronnax, profesor francés del Museo de Historia Natural de París, acababa de regresar a Nueva York de una expedición científica. Como había publicado un libro sobre los misterios de los fondos submarinos, la prensa me pidió mi opinión y yo declaré que tenía que ser un animal marino de enorme potencia, ya fuera un ser desconocido para nosotros de las profundidades o bien un narval gigantesco, pues el narval posee un diente afilado larguísimo, duro como el acero.

Otros opinaban que sería un submarino, pero ningún gobierno había construido uno. Finalmente, para asegurar

I, Pierre Aronnax, French Professor at the Natural History Museum of Paris, had just returned to New York from a scientific expedition. As I had published a book about the mysteries of the ocean depths, the press wanted to know my opinion, and I stated that it had to be a marine creature of enormous power, whether a creature from the depths as yet unknown to us, or a giant narwhal, for the narwhal has an extremely long sharp tusk, as hard as steel.

Others were of the opinion that it was a submarine, but no government had built one. Finally, in order to safeguard maritime communications, the US government organised

las comunicaciones por mar, el gobierno estadounidense preparó una expedición en la fragata *Abraham Lincoln* al mando del comandante Farragut y me invitaron a participar. Acepté enseguida, pero consulté con mi criado Conseil si quería acompañarme, dados los peligros del viaje. Este fiel muchacho de treinta años, que me ayudaba en mis clasificaciones de animales, se limitó a decirme: «Como desee el señor» y preparó las maletas.

La fragata zarpó de Nueva York entre los vítores de miles de personas. El comandante Farragut era un buen marino y no dudaba de la existencia del narval. Su tripulación

an expedition in the frigate *Abraham Lincoln,* commanded by Commander Farragut, and they invited me to take part. I agreed immediately, though I checked with my man Conseil whether he wanted to accompany me, given the dangerous nature of the voyage. This faithful young man, thirty years old, who helped me in my work of categorising animals, merely replied "As you please, sir", and started packing the bags.

The frigate sailed from New York to the cheers of thousands of people. Commander Farragut was a good seaman and he had no doubt about the existence of the narwhal. Nor did his crew,

tampoco, y vigilaba ansiosa el mar, animada además por los 2.000 dólares de recompensa a quien divisara el bicho. El único que no mostraba interés era mi criado Conseil.

El *Abraham Lincoln* iba equipado con un gran cañón en la proa, pero lo mejor era la presencia de Ned Land, el rey de los arponeros. Este canadiense de cuarenta años, alto y fuerte, no tenía quien le igualase disparando el arpón a las ballenas.

Ned congenió conmigo, pues ambos hablábamos francés y a mí me gustaba escuchar sus aventuras en los mares polares. Ned era el único que no creía que fuera un cetáceo el que atacaba los navíos.

expectantly scanning the ocean, additionally enthused by the 2,000-dollar prize offered to whoever spotted the creature. The only person who showed no interest was my man Conseil.

The *Abraham Lincoln* was equipped with a big gun in the bow, but the best thing it had was the presence of Ned Land, the king of the harpooners. This forty-year old Canadian, tall and strong, had no equal when it came to firing a harpoon at whales.

Ned and I got on well, as we both spoke French, and I loved hearing about his adventures in the polar seas. Ned was the only one who did not believe that it was a cetacean which was attacking the ships.

—He perseguido y matado muchas ballenas, cachalotes y narvales. Y ni el más poderoso podría romper la coraza de hierro de un barco —me dijo un día.

—Pero si este animal habita en las profundidades del océano, es necesario que tenga un cuerpo duro para soportar la presión del agua —contesté yo—. Piensa que nosotros ahora mismo soportamos una presión del aire de 17.568 kg. En el agua, a 10.000 m sería mil veces superior y no aguantaríamos esos 17.568.000 kg; quedaríamos aplastados. Por eso digo que un animal marino gigante que viva a gran profundidad tiene que ser tan duro que pueda destrozar un barco al atacarlo.

"I've hunted and killed a lot of cetaceans: whales, cachalots and narwhals. And not even the most powerful could break through the iron cladding of a ship", he told me one day.

"But if this creature lives in the depths of the ocean, it has to have a tough body to withstand the pressure of the water", I replied. "Just think that we, right now, are withstanding air pressure of 17,568 kilograms. In the water at 10,000 metres, it would be a thousand times greater, and we would not be able to stand those 17,568,000 kg; we would be crushed. That's why I say that a giant marine creature living at a great depth must be so hard that it would destroy a ship when it attacks one."

Capítulo 2 / Chapter 2

¡A la caza del monstruo!
After the Monster!

Tras dos meses de navegación bordeando América del Sur, la fragata llegó al cabo de Hornos y pasó al océano Pacífico. En ese tiempo no habíamos visto al supuesto monstruo.

El comandante Farragut decidió adentrarse en mar abierto, donde las aguas fueran más profundas, y se dirigió a los mares de China. ¡Al fin nos hallábamos en la zona donde se había visto el monstruo por última vez!

After two months sailing down the east coast of South America, the frigate reached Cape Horn and sailed into the Pacific Ocean. In all that time we had not seen the alleged monster.

Commander Farragut decided to head out into the open sea, where the water is at its deepest, and made for the China Seas. At last we were in the area where the monster had been last seen!

La tripulación estaba excitada y cualquier visión de una ballena causaba alboroto. Sin embargo, durante tres meses, el *Abraham Lincoln* surcó el Pacífico sur y no halló nada. El desánimo se apoderó de todos. Solo Farragut insistía en continuar y pidió tres días antes de regresar.

The crew were excited, and any sighting of a whale almost caused a riot. Nonetheless, for six months, the *Abraham Lincoln* ploughed through the South Pacific without finding anything. Discouragement took hold of everybody. Only Farragut insisted on going on, and asked for three days' grace

Pasaron dos días, y nada. La noche del tercer día, el canadiense Ned gritó:

—¡Atención! ¡Ahí está lo que buscamos!

Mi corazón latía con tal fuerza que parecía salirse. En medio de la oscuridad de la noche, vimos al monstruo algo sumergido, con una intensa luz en forma ovalada y larguísima.

before turning back.

Two days went by, and nothing. On the night of the third day, Ned shouted "Ahoy, there is what we are seeking!"

My heart was beating fit to burst. In the middle of the darkness of the night, we saw the monster, partly submerged, with an intense light in the shape of a huge elongated oval.

De repente, aquel monstruo eléctrico se lanzó sobre nosotros y el comandante Farragut ordenó retroceder a gran velocidad. Me sorprendió que huyéramos.

—No quiero arriesgar el barco en medio de la oscuridad —me explicó Farragut—. Atacaremos de día.

Hacia medianoche, el monstruo «se apagó» y se oyó un silbido como de un chorro de agua lanzado con violencia.

Cuando amaneció, Ned Land volvió a ver entre la bruma aquel cuerpo negruzco, que sobresalía un metro por encima del mar y producía un remolino con su cola. La fragata se acercó y calculé que aquello mediría

Suddenly, the electrical monster launched itself at us, and Commander Farragut gave the order to reverse engines, turn and retreat at high speed. I was surprised that we were fleeing rather than attacking, and Farragut explained:

"I don't want to risk the ship in the middle of the darkness. We shall wait until daybreak to attack."

Towards midnight, the monster 'went out' and we heard a hiss like a jet of water from a waterspout.

When it grew light, Ned Land once again saw in the mist that blackish body, emerging one metre above the sea, its tail creating an eddy. The frigate

unos 75 m de largo. Lanzó dos chorros de vapor y agua y eso me confirmó que era un cetáceo.

El comandante Farragut forzó el barco a toda máquina hacia el animal, pero este huyó a mayor velocidad. De nada sirvió disparar el cañón, pues la bala resbaló por su duro cuerpo.

Se reanudó la persecución, aunque era inútil: el animal corría más que nosotros. Llegó la noche y no lo vimos ya. De pronto, reapareció la claridad eléctrica. El narval estaba inmóvil, acaso dormía. Farragut acercó la fragata despacio para no despertarlo y Ned le lanzó su arpón.

Se oyó un ruido seco y la luz eléctrica se apagó. Entonces

approached it, and I calculated that it was some 75 metres in length. It shot out two jets of steam and water, and this made me certain that it was a cetacean. Commander Farragut ordered the boat forward full speed ahead towards the animal, but it fled at top speed. Nothing was gained by firing the gun at it, for the bullet skidded along its hard body.

The chase was resumed, although it was useless; the animal ran more than us. Night came, and we did not see it any more. All of a sudden, the electrical light reappeared. The narwhal was motionless; perhaps it was sleeping. The frigate approached it slowly so as not to wake it, and Ned fired his harpoon.

dos enormes trombas de agua cayeron sobre la fragata y tiraron a los hombres. Se produjo un choque espantoso y yo fui arrojado al mar.

Mientras nadaba, vi que la fragata se alejaba. La ropa me pesaba y me hundía. Estaba a punto de ahogarme cuando sentí que me agarraban. Era mi fiel Conseil, que se había arrojado al mar para salvarme. Me dijo que al barco se le había roto la hélice. ¡Estábamos perdidos! Conseil me quitó ropa y nos turnamos a nadar mientras uno remolcaba al otro.

We heard a dryish noise and the electric light went out. Then two enormous waterspouts hit the frigate, toppling crewmen, There was a frightening collision and I fell into the sea.

As I swam, I saw that the frigate was going further away. My clothes were weighing me down, and I was sinking. I was almost drowning when I felt I was being seized. It was my faithful Conseil, who had jumped into the sea to save me. He told me that the ship's propeller was broken. We were done for! Conseil removed my clothes and we took turns to swim while pulling the other along.

Pasadas unas horas, estaba tan agotado que no podía más. Conseil gritó « ¡Socorro! » y creímos oír una respuesta. ¿Sería otro náufrago o una barca salvavidas? Mi cuerpo sin fuerzas chocó con algo duro. Sentí que me subían a la superficie y me desmayé. Cuando abrí los ojos, vi junto a mí... ¡a Ned!

Contó que al caer al agua había encontrado enseguida un islote flotante.

—Estamos sobre nuestro narval, pero ¡está hecho de acero! —dijo Ned.

Comprobé las planchas metálicas unidas en forma de pez y tuve que aceptar que ¡era un aparato fabricado por el hombre!

Several hours passed, and I was so exhausted that I couldn't go on. Conseil shouted "Help!", and we thought we heard a reply. Was it another shipwrecked soul, or a lifeboat? My exhausted body collided with something hard. I felt myself rising to the surface and then I fainted. When I opened my eyes, I saw, right next to me... Ned!

He related that on falling into the water he had immediately found a floating islet.

"We are on top of our narwhal, but it is made of steel!" said Ned.

I tested the metal plates which were joined together in the shape of a fish, and I had to accept that it was a machine made by man!

Capítulo 3 / Chapter 3

El capitán Nemo
Captain Nemo

Pensé que, si aquello era un navío submarino, tendría una máquina y alguien dentro, así que estábamos salvados.

De repente, el aparato se movió a gran velocidad y tuvimos que sujetarnos a una argolla. Cuando empezó a sumergirse, Ned gritó y el submarino se paró. Oímos unos cerrojos, se levantó una de las planchas y apareció un hombre, que se sorprendió al vernos. Salieron otros más y nos encerraron en un lugar oscuro. Luego, dieron la luz y entraron dos hombres.

I thought that if it were a submarine craft, it would have an engine, and someone inside, and so we were saved.

Suddenly, the craft moved very quickly, and we had to hold on to a big metal ring. When the submarine began to dive, Ned called out, and it stopped. We heard bolts being drawn back, one of the steel plates was raised, and a man appeared, surprised to see us. Two more came out, and they shut us up in a dark place. Later, they put lights on and two men came in.

Ambos llevaban gorros y botas y unos trajes amplios. Uno era bajo y musculoso, de pelo negro y con bigote. El otro era alto, de frente ancha y mirada firme y serena; tendría mi edad, unos cuarenta años. Se notaba que era el jefe del navío. Nos examinó con atención y dijo algo a su compañero en un idioma extraño para nosotros.

Yo les expliqué nuestra situación en francés. El jefe me escuchó pero no habló. Pedí a Ned que se lo dijese en inglés. Él añadió que no estaba conforme con el secuestro y que teníamos hambre.

They wore caps, boots and loose-fitting suits. One was short and muscular, with black hair and a moustache. The other was tall, with a broad forehead and a firm, calm gaze. He would have been about my own age, around forty. It was clear that he was in command of the craft. He inspected us carefully and said something to the other man in a language unknown to us.

I explained our situation in French. The leader listened, but said nothing. I asked Ned to tell him in English. He added to the story that he was not pleased at being kidnapped, and that we were hungry.

No parecieron entendernos, así que Conseil se ofreció a decírselo en alemán y yo probé en latín, pero los dos se fueron sin más. Ned se encolerizó e intentamos calmarle. Menos mal que uno nos trajo ropa y comida. Me sorprendió que los platos y cubiertos llevaran una inicial: N.

Después de comer nos dormimos. Cuando desperté, seguíamos en nuestra celda de acero y noté que me faltaba aire para respirar. De pronto, una brisa marina entró por una ranura sobre la puerta al tiempo que sentía un balanceo. Era evidente que el monstruo de acero acababa de subir a la superficie para tomar aire.

They appeared not to understand us, so Conseil offered to tell them in German, and I tried in Latin, but the two men departed without another word. Ned got furious and we tried to calm him down. Fortunately a steward brought us clothing and food. I was surprised to see that the plates and the cutlery bore the initial N.

After eating, we fell asleep. When we awoke, we were still enclosed in our steel cell, and I realised that it was becoming hard for me to breathe. Suddenly, a sea breeze came in through an air vent above the door at the same time as I felt moderate rolling. It was clear that the steel monster had surfaced to take the air.

Al despertarse, Ned se quejó de hambre y del encierro; temía que fueran caníbales. Conseil pensó que tal vez nos incluyeran en su tripulación y yo supuse que, si querían guardar el secreto de su navío, no nos dejarían marchar.

—Si no podemos huir, entonces los echaremos a ellos y nos haremos dueños del submarino —dijo Ned.

Pedí paciencia al canadiense para no empeorar las cosas, pero el hambre le hizo ponerse más furioso y no paraba de pedir comida a gritos. El silencio era total. De repente, se abrió la puerta y apareció de nuevo el camarero.

On waking, Ned complained of hunger, and about being shut up; he was afraid they might be cannibals. Conseil thought that they might add us to the crew, and I thought that if they wanted to keep the secret of their craft, they would not let us go.

"If we can't flee, then we shall throw them off and become masters of the submarine," said Ned.

I asked him to be patient so as not to make things worse. Hunger was making Ned angrier, and he did not cease calling for food; but the silence was total. Suddenly, the door opened, and once again the steward appeared.

Ned se lanzó sobre él y lo agarró del cuello. Conseil y yo quisimos separarlos, cuando oímos en francés:

—¡Cálmese! Y tengan la bondad de escucharme.

Quien hablaba así era el capitán de la nave. Ned soltó al camarero y este salió a una seña de su jefe. El capitán dijo:

—Hablo francés, inglés, alemán y latín, pero quería conocerlos y comprobar que no me engañaban, antes de pensar qué hacer con ustedes. Ahora que me han conocido, a mí que rompí los lazos con la humanidad, y han perturbado mi vida, son mis enemigos.

—No quisimos molestarle —dije yo.

Ned jumped on him and grabbed him by the neck. Conseil and I were trying to separate them when we heard, in French:

"Calm down and be so kind as to listen to me!"

The person speaking was the captain of the ship. Ned let go of the steward, who, at a sign from his master, left. The captain said:

"I speak French, English, German and Latin, but I wanted to meet you first and make sure that you were not deceiving me, before deciding what to do with you. Now that you have met me, I who have broken off all ties with humanity, and you have disrupted my existence, you are my enemies."

"We didn't want to annoy you," I said.

—¿Y me han perseguido por todos los mares? ¿Y los ataques con balas y arpón?

—Pensábamos que era un monstruo el que entorpecía los viajes por mar.

—¿Acaso no hubieran perseguido igual a un submarino? Al principio dudé si acogerlos o si echarlos al mar.

—Eso no sería civilizado —le contesté.

—Yo he roto con la sociedad y sus leyes. No obedezco sus reglas.

Dijo esto con tal ira en los ojos que intuí un pasado trágico en su vida y le vi un ser libre, fuera de las leyes humanas.

"And so you have pursued me across all those seas? And attacked me with bullets and harpoons?"

"We thought it was a monster which was disrupting the ocean traffic."

"And you wouldn't have pursued a submarine in the same way? At first I wasn't sure whether to pick you up or cast you into the sea."

"That would hardly be civilised behaviour," I answered him.

"I have severed my links with society and its laws. I do not obey its rules."

He said this with such anger in his eyes, that I sensed a tragic past in his life, and I saw in him a free soul, outside the laws of humanity.

—Al final he decidido tenerlos libres en mi nave —continuó—, pero siempre que acepten que a veces los encierre para que no vean lo que no deben ver.

—Aceptamos —respondí—, pero ¿no podremos volver a nuestros países?

—No, porque ahora conocen un secreto que nadie debe saber. Sin embargo, profesor, he leído su libro y le aseguro que no lamentará quedarse a bordo, pues verá maravillas que nadie ha visto. Daré otra vuelta al mundo submarino y usted será mi compañero de estudios.

Aquello me atrajo tanto que, por un instante, me sentí afortunado de estar allí.

"In the end," he continued "I have decided to set you free on board my ship, but only as long as you agree that at times I will lock you up so you don't see what you should not see."

"We agree," I replied "but, may we not return home?"

"No, for you now know a secret that no one must find out. However, Professor, I have read your book, and I can assure you that you will not regret remaining on board, for you will see wonders that no one has seen. I shall make another journey through the underwater world and you shall be my study companion."

This so attracted me that for a moment, I felt lucky to be there.

—¿Cómo he de llamarle?

—Capitán Nemo y viajan en el *Nautilus*.

El capitán ofreció a Ned y Conseil que fueran a su camarote, donde les esperaba la comida, y a mí me invitó a comer con él en una sala amueblada con gusto. Todo

"How do I address you?"

"Captain Nemo, and you are passengers on board the *Nautilus*."

The captain now invited Ned and Conseil to go to their cabin, where a meal awaited them, and me, he invited to eat with him in a tastefully furnished room. Everything that I

lo que probé estaba bueno y, según me explicó, procedía de los fondos marinos.

—La mar me da todo. Esto que parece carne son filetes de tortuga marina y eso que simula cerdo es delfín. Nuestra ropa está hecha con moluscos, y los colchones, con algas. ¡La mar lo es todo! Y no pertenece a los poderosos. ¡Aquí soy libre!

tasted was good, and came, as he explained to me, from the depths of the sea.

"The sea provides me with all. This which you think is meat is in fact fillets from the sea turtle, and that, which is like pork, is in fact dolphin. Our clothes are made out of molluscs, and the mattresses from eelgrass. The sea is everything! And it does not belong to the powerful. Here I am free!"

Capítulo 4 / Chapter 4

El *Nautilus*
The *Nautilus*

El capitán Nemo me invitó a conocer el *Nautilus*. La siguiente sala era la biblioteca. Sus estanterías estaban llenas de libros y unos cómodos sillones con pupitre móvil invitaban a la lectura.

—Me maravilla esta biblioteca —dije.

—Hay 12.000 libros y son mi único lazo con la Tierra. El mundo terminó para mí la primera vez que el *Nautilus* se sumergió. Puede leer cuanto quiera.

Captain Nemo invited me to see over the *Nautilus*. The adjoining room was the library. Its shelves were full of books, comfortable couches and movable reading stands made for easy reading.

"I am amazed by this library," I said.

"There are 12,000 books, and they are my only connection to the Earth. The world stopped for me the first time the *Nautilus*

Pasamos después a un amplio salón que era un auténtico museo. Había cuadros y esculturas de valor incalculable.

—¿Y estos músicos? —dije señalando las partituras que había sobre un piano.

—Estos músicos están tan muertos como yo; son mi compañía —respondió.

Me fijé también en las rarezas marinas que guardaba. En medio del salón había una concha gigante que hacía de pilón para un surtidor de agua. Alrededor, en vitrinas, estaban clasificadas muchas especies marinas: pulpos y

submerged. You may read them freely."

We then passed into an immense lounge, which was in fact a genuine museum. There were paintings and sculptures of incalculable worth.

"What about these composers?" I said, pointing to a quantity of sheet music lying on a piano."

"Those composers are as dead as I am; they keep me company," he replied.

I also noticed the marine rarities that there were. In the middle of the lounge there was an enormous shell which acted as a basin for a jet of water.

equinodermos, moluscos, perlas de diversos colores…

—Todo lo que ve lo recogí de los mares por los que he navegado —dijo.

—Mi admiración es enorme y siento curiosidad por saber cómo navega el *Nautilus*. ¿Podría explicármelo?

—Le llevaré a mi camarote, donde tengo los instrumentos de navegación. También dispongo de ellos en el salón: brújula, barómetro, sextante. Con este manómetro sé la presión del agua y la profundidad a la que estamos —afirmó.

—¿Y esos aparatos que no conozco?

All around, in glass cases, were many marine species: octopuses and echinoderms, molluscs, pearls of diverse colours...

"All that you see before you I collected from the seas I have sailed," he said.

"I feel full of admiration, and curiosity about what powers the *Nautilus*. Could you explain...?"

"I shall take you to my cabin, where I keep the navigation instruments. There are also some here in the lounge: the compass, a barometer, a sextant. With this manometer I can see the water pressure and the depth we are at," he stated.

"What about those devices that I do not recognise?"

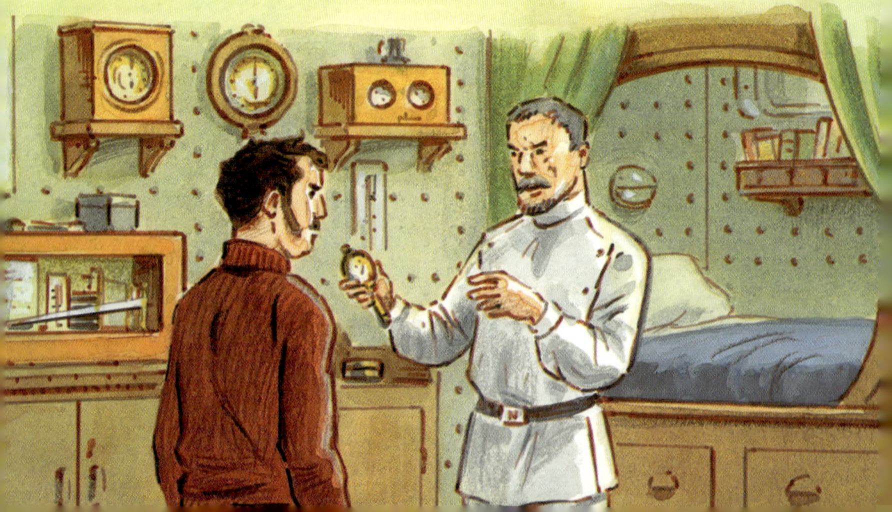

—Controlan la electricidad, única energía que mueve la nave. Con ella tengo además luz y calor. Consigo la electricidad a partir del sodio, pues ya sabe que la sal es lo que más abunda en los océanos.

—¿Y el aire para respirar?

—Subo la nave a la superficie del mar cuando quiero. Además, con la electricidad manejo las potentes bombas que almacenan el aire, para poder permanecer más tiempo bajo el agua.

El capitán Nemo me enseñó el resto de la nave. Todas las salas estaban separadas por paredes estancas, para que no entrase el agua si había fugas.

"They control the electricity, the only energy that moves the ship. I also get light and heat from it. I get the electricity through sodium, for as you know, salt abounds in the oceans."

"What about air to breathe?"

"I take the ship up to the surface whenever I like. Additionally, using electricity I can run powerful pumps which store the air, so as to be able to spend more time under water."

Captain Nemo showed me the rest of the ship. All the rooms were divided by watertight bulkheads, so that water could not get in if there were a leak.

En la cocina todo funcionaba con electricidad, incluido un aparato para destilar el agua del mar y hacerla potable.

Pasamos a la sala de máquinas y allí pude ver los aparatos que producían la electricidad y el mecanismo que la transmitía a unas palancas para mover la hélice. Según el capitán, el *Nautilus* podía navegar a 100 km por hora.

—¿Y cómo ve por dónde va? ¿Cómo soporta la nave la presión del agua y cómo sube a la superficie? —pregunté.

—Venga conmigo al salón y se lo diré.

El capitán me enseñó los planos del *Nautilus* y me explicó su construcción.

In the galley everything ran on electricity, including a device for distilling sea water for drinking purposes.

We went on into the engine room, and there I was able to see the machinery which produced the electricity, and the engine which transmitted movement to the propeller. According to the captain, the *Nautilus* was capable of reaching 100 kilometres per hour.

"And how do you see where it is going ? How does the ship withstand the pressure of the water, and how does it rise to the surface?"I asked.

"Come with me to the lounge and I shall tell you."

The captain showed me the plans of the *Nautilus* and explained how it was constructed.

—Ideé este navío de forma cilíndrica y con los extremos puntiagudos, y lo hice con doble casco para que fuera muy resistente. Mide 70 m de largo y en su parte más ancha tiene 8 m. Posee enormes recipientes

"The ship is cylindrical in shape with conical ends, and it has two hulls which make it very strong. It is 70 metres long and at its widest point, 8 metres wide. It has huge tanks which I fill with water when

que lleno de agua cuando quiero sumergirme, y si deseo subir a la superficie dejo escapar el agua con potentes chorros al exterior. La persona que maneja el timón está en una cabina acristalada en la parte superior del *Nautilus* y puede ver en la oscuridad submarina con un reflector eléctrico muy potente que ilumina hasta un kilómetro de distancia.

—¡Ahora comprendo esa luz fosforescente del supuesto narval! ¿Y atacó a esos barcos? —le pregunté.

—Choques por casualidad.

I want to submerge, and if I wish to rise to the surface, I expel the water forcefully. The person controlling the rudder is inside a glass cabin in the upper part of the Nautilus, and can see through the underwater darkness by means of an extremely powerful electric reflector, capable of lighting up to a kilometre distant."

"Now I understand the phosphorescent light of the imagined narwhal. And did you attack those ships? "I asked.

"Accidental collisions."

—¡Su *Nautilus* es maravilloso!

—Sí, y lo quiero con pasión —me confesó—. Si navegar sobre el mar es peligroso, aquí abajo no hay nada que temer: no hay tempestades y este navío no se puede quemar por ser de acero.

—Usted es ingeniero, ¿verdad?

—Sí, estudié en Londres, París y Nueva York.

—¿Y cómo construyó esto en secreto?

—Encargué su fabricación por trozos en diferentes sitios y los ensamblé con mis fieles compañeros del *Nautilus* en mi taller de un islote desierto, que destruí.

—¿Es usted rico entonces?

—Infinitamente rico.

Su respuesta me dejó intrigado.

"Your *Nautilus* is marvellous."

"Yes, and I love it with great passion," he confessed. "If sailing on the seas is dangerous, here below there is nothing to fear; there are no storms, and the boat being made of steel, it cannot burn."

"You're an engineer then, are you?"

"Yes, I studied in London, Paris and New York."

"And how did you manage to build the ship in secret?"

"I had it built piecemeal in different locations, and then with my faithful *Nautilus* companions, assembled it on a deserted island at my workshop, which I then destroyed."

"Are you, then, a rich man?"

"Infinitely so."

His answer left me intrigued.

Capítulo 5 / Chapter 5

De caza en un bosque marino
Hunting in an Undersea Forest

El capitán Nemo me anunció que comenzábamos el viaje.

—Vamos a subir a la superficie para conocer nuestro punto de partida.

Pulsó un timbre eléctrico y las bombas empezaron a soltar agua de los recipientes mientras subíamos. Salimos fuera por una escalera central y pude ver el mar sereno y el cielo azul. El capitán midió la latitud con un sextante.

Bajamos de nuevo al salón.

Captain Nemo announced that we were commencing our voyage.

"We shall go up to the surface to establish our starting point."

He pressed an electric bell and the pumps began to discharge water from the tanks as we rose. We then went outside up a central staircase. I looked at the calm sea and the clear blue sky. The captain measured the latitude with a sextant.

We went back down to the lounge.

—Hoy, 8 de noviembre a mediodía, a 300 millas marinas de la costa japonesa comienza nuestro viaje de exploración submarina, rumbo nordeste —afirmó—. Ahora, si me disculpa, le dejo aquí solo.

Me quedé pensando en ese misterioso capitán. Al poco llegaron Conseil y Ned y se asombraron del valioso museo que había en el salón. De pronto, se apagó la luz. Oímos que algo se deslizaba y a través de unos cristales se mostró ante nuestros ojos el fondo marino iluminado.

"Today, 8th November, at midday, 300 nautical miles off the coast of Japan, begins our voyage of underwater exploration, direction north west," he announced. "Now if you will excuse me, I shall take my leave of you."

I stood there thinking about this mysterious captain. Soon afterwards, Conseil and Ned arrived, and they were astounded by the wonders on display in the lounge. Suddenly, the light went out; a sliding sound was audible, and then, through panes of glass, there appeared before our eyes the sea bed, all illuminated.

¡Qué espectáculo! Muchos y variados peces de colores se movían al otro lado del cristal. De repente, se encendió la luz del salón y los paneles de acero se cerraron ocultando el ventanal.

No volví a ver al capitán esa tarde ni los días siguientes. Estábamos los tres preocupados, cuando recibí una nota suya en la que nos invitaba a ir de caza a sus bosques de la isla Crespo. Ned quería aprovechar para huir, pero según el mapa la isla estaba en medio del océano.

What a sight! Many and varied coloured fishes swam on the other side of the glass panes. Then suddenly the lights in the lounge came on again and the steel panels closed, concealing the window.

I did not see the captain again that afternoon, nor on the days following. The three of us were worried, when I received a note from him in which he invited us to go hunting in the forests of Crespo Island. Ned wanted to grab the chance to escape, but when we looked at the map, we saw this island was in the middle of the ocean.

El capitán me explicó que eran bosques submarinos y nos dio unas escafandras. Nos pusimos esos trajes impermeables de goma con casco, más un aparato de oxígeno a la espalda y una linterna a la cintura. Para cazar nos dieron fusiles de aire comprimido. Ned no quiso venir.

Estábamos a 10 m de profundidad y salimos al fondo marino a través de un compartimento estanco que se llenó de agua antes de abrir la compuerta externa.

Una vez fuera, ya no notamos el peso de los trajes y anduvimos sobre una arena fina llena de moluscos. Tras recorrer un prado de algas llegamos al bosque, que estaba

The captain explained to me that the forests were underwater ones, and he gave us diving suits. We donned these waterproof rubber suits and helmets, together with an oxygen device on our backs, and a lantern at our waists. In order to hunt, they gave us compressed-air rifles. Ned did not want to come.

The ship was at a depth of 10 metres, and we got to the sea bed from a watertight compartment which filled up with water before an external door opened.

Once outside it, we no longer felt the weight of the suits, and walked over some fine sand full of molluscs. After crossing a prairie of algae we reached the forest, which lay at a depth of 100 metres. The branches all rose up towards the

a 100 m de profundidad. Todas las ramas eran verticales y entre ellas se movían los peces mosca.

El suelo seguía descendiendo y a 150 m ya no entraba la luz del sol. El capitán Nemo encendió su linterna y lo mismo hicimos nosotros. Vimos que ya no había plantas en el suelo pero sí muchos peces y moluscos. Cuando llegamos a un acantilado de granito, dimos la vuelta.

De regreso, el capitán disparó a una nutria marina y poco después él me tiró al suelo y vi cómo un tiburón pasaba por encima. Por fin llegamos al *Nautilus,* cansados pero fascinados por lo vivido.

surface, and in and out of them, minnows swam.

The floor continued to slope downwards, and at 150 metres, the sunlight no longer penetrated. Captain Nemo lit his lantern and we did the same. We saw that there were now no plants on the sea bed, but there were many fishes and molluscs. On reaching a granite cliff, we turned back.

On the way back, the captain shot a sea otter, and shortly after that, he pushed me powerfully to the ground, and I saw that a shark was passing overhead. At last we returned to the *Nautilus,* tired but fascinated by what we had seen.

Capítulo 6 / Chapter 6

Una salida a tierra
Some Days Ashore

Por la mañana presencié cómo los marineros del *Nautilus* salían a recoger las redes que habían puesto de noche. Sacaban todo tipo de peces.

Dentro del submarino, los paneles del salón se abrían algunas horas y nos deleitábamos viendo tanta vida en el agua. Navegábamos entre las islas del Pacífico y un día vimos un barco hundido con sus pasajeros ahogados. Nos estremeció ese naufragio reciente.

In the morning I watched the sailors of the *Nautilus* hauling in their fishing nets which they had left out during the night. They gathered up all kinds of fish.

Inside the submarine, the steel panels in the lounge were opened for several hours, and we were enchanted to watch so much life in the water. We were sailing through the Pacific islands, and one day we saw a sunken ship and its drowned passengers. We were horrified by this recent shipwreck.

El 2 de enero nos hallábamos en los peligrosos parajes del mar del Coral, en la costa noroeste de Australia. El capitán Nemo quería llegar al océano Índico por el estrecho de Torres, un paso muy difícil por los arrecifes de coral. Él mismo dirigía la maniobra con cuidado.

De pronto, el *Nautilus* chocó contra un escollo de coral y se quedó parado. El capitán Nemo, muy tranquilo, me dijo:

—Dentro de cinco días habrá luna llena y la marea alta empujará la nave.

Ned y Conseil tuvieron entonces la idea de bajar a tierra y mi sorpresa fue que el capitán accedió. Pensaría que no escaparíamos entre los

By the 2nd of January we found ourselves in the dangerous waterways of the Coral Sea, off the north-west coast of Australia. Captain Nemo wanted to get to the Indian Ocean through the Torres Straits, which are very difficult to navigate because of the coral reefs. He would direct the manoeuvres personally.

Suddenly, the *Nautilus* struck a coral reef and came to a halt. Captain Nemo calmly said to me:

"In five days' time there will be a full moon, and the high tide will refloat the ship."

Ned and Conseil then conceived the notion of going ashore, and to my surprise, the captain agreed to this. He must have thought that

indígenas de Nueva Guinea: eran caníbales.

Nos dejaron la canoa y, armados con fusiles y hachas, remamos hacia tierra. Ned estaba feliz pensando en comer carne.

Desembarcamos en una playa de arena. Había árboles enormes: ficus, tecas, palmeras, y en el suelo, helechos y orquídeas. Ned vio un cocotero y nos supo riquísima la leche de coco. También cogimos plátanos, mangos y otros frutos. Con ellos volvimos al *Nautilus*.

Al día siguiente regresamos a la isla y exploramos por el oeste. Vimos loros de un rojo brillante y muchas aves del

we would not escape among the indigenous tribes of New Guinea - they were cannibals.

They gave us the canoe, and, armed with rifles and axes, we rowed ashore. Ned was happy, thinking about eating meat again.

We disembarked on a sandy beach. Here there were enormous trees; ficus, teak, palms, and on the ground, ferns and orchids. Ned spotted a coconut palm, and the milk from one of the nuts had an exquisite taste for us. We also collected bananas, mangoes and other fruits, and took them back to the *Nautilus*.

The next day we went back to the island and explored the west side. We saw brilliant red parrots

paraíso. Los malayos las cazan con lazos, pero nosotros no teníamos su destreza.

Sin embargo, Conseil abatió de un tiro dos palomas, que desplumamos y asamos. Después Ned consiguió cazar un jabalí y también varios canguros.

Esa tarde, nuestra cena en la playa fue de lo más suculenta, tanto que Ned y Conseil propusieron quedarnos en la isla; sin embargo, en ese momento vimos que nos tiraban piedras y flechas. Eran indígenas que salían del bosque.

Salimos corriendo hacia la canoa y, cuando ellos llegaron al agua gritando, nosotros ya alcanzábamos el *Nautilus*.

and many birds of paradise. The Malays catch them with traps. but we could not use these.

However, with one shot, Conseil brought down two pigeons which we plucked and roasted. Afterwards Ned managed to catch a wild pig and several kangaroos.

That evening, our dinner on the beach was of such a succulent nature that Ned and Conseil proposed staying on the island, but just then, we were assailed by a hail of stones and arrows. Natives were coming out of the wood.

We ran for the canoe, and by the time they got to the water's edge, yelling, we were already reaching the *Nautilus*.

En el salón, el capitán tocaba el piano y le advertí del peligro de los salvajes.

—¿Acaso los que usted llama salvajes son peores que el resto de las personas?

—Pero, capitán, nos atacan —dije yo.

—Cálmese, el *Nautilus* no teme ningún ataque —y siguió tocando el piano.

Por la mañana, vi en la playa muchos más indígenas. Eran papúes con huesos colgados de sus orejas. Se acercaron en piraguas al *Nautilus* y lanzaron flechas.

Avisé al capitán y él se limitó a cerrar los paneles de acero. Me aseguró que al día siguiente la marea alta haría flotar al *Nautilus* y reemprenderíamos el viaje.

Llegada la hora, el capitán Nemo abrió los paneles y mi

In the lounge, the captain was playing the piano, and I told him about the dangerous the savages.

"And are these people you refer to as savages any worse than anyone else?"

"But, captain, they are attacking us," I said.

"Pray be calm, the *Nautilus* does not fear any attack." And he went on playing the piano.

The next morning, I saw many more natives along the shore. They were Papuans, with bones dangling from their ears. They approached the *Nautilus* in canoes and fired arrows.

I told the captain, but all he did was close the steel panels. He assured me that the following day the high tide would refloat the *Nautilus* and we would be able to continue our voyage.

When the time came, Captain Nemo opened the panels,and I

temor fue que los indígenas entraran en la nave; pero él me llevó a la escalera y vi que, cuando los indígenas tocaban la barandilla, una descarga eléctrica les hacía caer.

El *Nautilus* empezó a moverse por la marea y salimos del estrecho. Llegamos al océano Índico y, durante unos días, el capitán Nemo compartió conmigo sus experimentos sobre la diferente temperatura y cantidad de sal de los mares.

Un día que subí a la superficie, vi que el capitán y su ayudante oteaban preocupados el horizonte. Busqué un catalejo, pero el capitán me lo quitó y me rogó que mis compañeros y yo aceptáramos ser encerrados un tiempo.

was afraid that the natives would get into the ship. But he led me to the companionway, and I saw that whenever a native touched the handrail, an electrical charge made them fall back.

The *Nautilus* began to move with the tide, and we came out of the strait. We reached the Indian Ocean, and for a few days, Captain Nemo allowed me to join him in his experiments on the different temperatures and quantity of salt in the seas.

One day when I went up on the platform, I saw the captain and the chief officer looking anxiously towards the horizon. I went for a perspective glass, but the captain took it from me and requested that my companions and I agree to be confined for a time.

No pude negarme y nos llevaron a la celda. Nos dieron de cenar y enseguida nos entró sueño debido a alguna droga.

Amaneció y el capitán me preguntó si yo era médico y podía ayudar a uno de sus hombres. Lo acompañé y vi que el marinero tenía vendada la cabeza y manchas de sangre. Le exploré y dije que no se salvaría. Al capitán se le saltaron las lágrimas.

Vestidos con escafandras, fuimos todos al fondo submarino y en un bosque de coral cavaron su tumba. ¡Era su cementerio! Cuando regresamos le dije al capitán:

—Al menos sus muertos duermen allí tranquilos, lejos de los tiburones.

—Y de los hombres —me respondió.

I could not refuse, and they took us to the cell. They gave us food and then we fell into a drug-induced sleep.

Daybreak came, and the captain asked me if I was a doctor, and if I could help one of his men.

I went with him, and saw that the sailor had a blood-soaked bandage round his head. I examined him and said that he could not be saved. Tears glistened in the captain's eyes.

Dressed in diving suits, we all went to the bottom of the ocean and in a coral grove they dug his tomb. It was a cemetery!

When we returned I said to the captain:

"At least your dead sleep peacefully, away from the sharks."

"From sharks and men," he answered me.

Capítulo 7 / Chapter 7

Ostras gigantes y tiburones
Sharks and Giant Oysters

El 28 de febrero pasamos frente a la isla de Ceilán y el capitán me propuso visitar una pesquería de perlas.

—En marzo se reúnen aquí cientos de barcas con pescadores que bajan a 12 m con una piedra en los pies que atan con una cuerda al barco; en 30 segundos han de coger todas las ostras que pueden.

—¿Siguen usando el método antiguo?

—Sí, aunque las pesquerías pertenecen al país más industrializado: Inglaterra.

On February 28th we were off the coast of Ceylon, and the captain suggested I might like to visit a pearl fishery.

"In March hundreds of boats gather here, with fishermen who dive 12 metres with a stone between their feet. In 30 seconds they have to gather all the oysters they can."

"They still use that primitive method?"

"Yes, even though the fishing boats belong to the most industrialized country in the world: England.

La salud de estos hombres se daña pronto, y todo por un dólar a la semana.

—¡Qué poco para esas pobres gentes que enriquecen a sus amos! —exclamé.

Cuando se lo comenté a Ned y Conseil, Ned me preguntó qué era una perla.

—Las ostras y otros moluscos segregan nácar, una sustancia azulada, y cuando hay un cuerpecito duro, como puede ser un grano de arena, el nácar se deposita alrededor de él y forma la perla —le dije.

Antes del amanecer, subimos todos a la canoa para acercarnos al golfo de Manaar y allí nos

The health of these men is damaged quickly, and all for just one dollar a week."

"How little, for those poor people who make their employers rich!" I exclaimed.

When I told Ned and Conseil, Ned asked me exactly what a pearl was.

"Oysters and other molluscs secrete mother-of-pearl, a bluish substance, and if there is a small, hard object, as it might be a grain of sand, the mother-of-pearl accumulates around it and forms the pearl," I told him.

Before dawn, we all went up into the canoe to head for the Gulf of Manaar, and there we

pusimos los trajes de buzo. Con los primeros rayos del sol nos metimos en el agua. Caminamos a 5 m de profundidad y llegamos al banco de ostras. Ned cogió algunas. El capitán nos llevó luego a una gruta, donde había una ostra gigantesca de 2 m. Él comprobó el estado de la perla y no me permitió tocarla. Comprendí que la estaba dejando crecer y era suya.

Volvimos al banco de ostras y vimos a un pescador que se sumergía. En cada zambullida cogía solo una docena, pues había que arrancarlas. ¡Y muchas ni tendrían perla! De repente, un tiburón fue derecho hacia él. El pescador esquivó sus dientes pero no el golpe de la cola.

put on our diving suits. As the first rays of sunlight appeared, we entered the water. We were 5 metres down and we soon reached the oyster bank. Ned collected some. The captain then took us to a grotto, where we saw a giant oyster 2 metres wide. He inspected the condition of the pearl and did not let me touch it. I understood then that he was letting it grow, and that it was his.

We returned to the oyster bank and we saw an oyster fisherman diving. At every dive he only gathered a dozen, as he had to pull them clear. And many of them would not even have a pearl inside! Suddenly, a shark went straight for him. The fisherman escaped its teeth, but not the blow from its tail.

El tiburón volvía dispuesto a comerlo cuando el capitán Nemo le clavó su puñal en el vientre. El mar se tiñó de sangre y pude entrever al capitán agarrado a una aleta y apuñalando a la bestia, que se agitaba y terminó golpeándolo con la cola. Entonces Ned disparó su arpón directo al corazón y el tiburón murió.

El capitán cortó la cuerda que ataba al pescador a la piedra y lo subió a la superficie. En la barca del pescador lo reanimamos con masajes. ¡Qué sorpresa se llevaría el pobre al ver unos extraños seres con cascos y al recibir del capitán una bolsita de perlas!

The shark returned, and was ready to snap him up when Captain Nemo plunged his dagger into its stomach. The sea was dyed red with blood, and I could make out the captain, holding on to a fin and stabbing the creature, which thrashed about and ended by weighing the captain down. Then Ned shot his harpoon straight into the creature's heart and it died.

The captain cut the rope tying the fisherman to the stone, and took him up to the surface. On the fisherman's boat, we were able to revive him with massages. What a surprise the poor man would have had to see four strange figures in helmets, and to receive a little bag of pearls from the captain!

De vuelta en el *Nautilus,* el capitán agradeció a Ned que lo salvara y yo elogié al capitán su compasión humana.

—Ese hombre es del país de los oprimidos y yo, hasta mi último aliento, seré de ese país —me respondió.

El *Nautilus* siguió su marcha y entró en el mar Rojo. Disfrutamos con la vista de esponjas, medusas y calamares. Yo quería saber por qué el capitán nos llevaba por ese mar sin salida, pues aún no se había terminado el canal de Suez, y la sorpresa fue que él había descubierto un túnel a 50 m bajo el agua que unía el mar Rojo con el Mediterráneo.

Back aboard the *Nautilus,* the captain thanked Ned for saving him, and I praised the captain for his humane compassion.

"That man belongs to the nation of the oppressed, and I, until my last breath, shall be of that nation," he answered me.

The *Nautilus* continued its voyage and entered the Red Sea. We enjoyed looking at the sponges, jellyfish and squid. I wanted to know why the captain was taking us into this sea which had no exit, for the Suez Canal had not been finished, and we were surprised to learn that he had discovered a tunnel 50 metres below water which joined the Red Sea and the Mediterranean.

El capitán Nemo me invitó a acompañarle en la cabina del timonel, pues él iba a dirigir la nave. La corriente marina era fuerte en el túnel y arrastraba veloz al *Nautilus,* que en veinte minutos nos llevó al Mediterráneo.

Captain Nemo invited me to accompany him to the wheelhouse, as he was going to steer the ship. The waters of the sea were very strong in the tunnel, and the torrent swiftly carried the *Nautilus* into the Mediterranean.

Cuando Ned supo dónde estábamos, volvió a proponer la huida. Yo no quería impedir su libertad, pero prefería seguir estudiando los fondos submarinos.

—Si hay un intento de fuga, debe estar asegurado el éxito; porque si fracasa, el capitán Nemo no nos perdonará —dije.

—Si llegamos muy cerca de la costa, yo me haré con la canoa —afirmó Ned.

Y acordamos que él nos avisaría.

Once Ned knew where we were, he once again proposed escaping. I did not want to hinder his freedom, yet I preferred to go on studying the underwater depths.

"If there is an attempt to escape, its success must be assured, for if it fails, Captain Nemo will never forgive us," I said.

"If we get close to the coast, I shall commandeer the canoe," declared Ned.

And we agreed that he would warn us.

Capítulo 8 / Chapter 8

El continente hundido
The Sunken Continent

Un día observaba los peces frente a Creta cuando vi por el cristal a un hombre buceando. El capitán le hizo una seña y él desapareció.

Después, el capitán Nemo abrió un mueble, sacó varios lingotes de oro y los metió en un cofre, que entregó a sus hombres tras escribir una dirección en griego. Esa noche oí que el *Nautilus* subía a la superficie y soltaban la canoa; dos horas después regresaban. ¿A quién habrían dado todo ese oro?

One day off Crete when I was watching the fishes through the glass, I saw a diver. The captain made a sign to him and he disappeared.

Then Captain Nemo opened a piece of furniture, took out several gold ingots and put them in a chest, which he gave to his men after writing an address on it in Greek. That night, I heard the *Nautilus* rise to the surface and they launched the canoe. Two hours later they returned. To whom could they have given all that gold?

El *Nautilus* viajó veloz bajo las aguas mediterráneas. Vi muchos barcos hundidos, sobre todo cerca del estrecho de Gibraltar.

Salimos al Atlántico y bordeamos Portugal. Ned me dijo que esa noche sería la huida, frente a la costa española.

Pasé un día muy nervioso, y triste por abandonar el océano; pero esa noche falló el plan, ya que el *Nautilus* bajó hasta posarse en el fondo marino. El capitán me enseñó por el cristal cómo sus hombres, con escafandras, recogían cajas de lingotes de oro y plata entre los restos de unos galeones españoles, hundidos en una batalla contra los ingleses en la bahía de Vigo en tiempos de Felipe V.

The *Nautilus* sailed swiftly below the waters of the Mediterranean. We saw many sunken ships, mostly in the area of the Straits of Gibraltar.

We entered the Atlantic and went up the coast of Portugal. Ned informed me that the escape would be that very night, off the Spanish coast.

I felt very nervous all day, and sad at leaving the ocean. But the plan that night failed, for the *Nautilus* went right down to the bottom of the sea. The captain showed me, through the glass panels, his men, in diving suits, collecting boxes of gold and silver ingots from the wrecks of Spanish galleons sunk in a battle with the British in Vigo Bay, in the time of King Philip V.

—¿Ve ahora por qué soy rico? —me dijo.

—Lamento que tantas riquezas no se repartan entre los miles de necesitados.

—¿Cree que no sé que existen seres que sufren y razas oprimidas a las que ayudar?

Entonces comprendí que había dado el oro a la Creta sublevada contra los turcos.

Al día siguiente subimos a la superficie y ya no había tierra a la vista. Navegábamos hacia el suroeste.

Esa noche, el capitán Nemo me propuso una larga excursión por el fondo marino. Salimos con las escafandras pero sin linternas, pues a lo lejos había una especie de fuego que nos alumbraba en la oscuridad de la noche.

"You now see why I am rich?" he said to me.

"I regret that so many riches cannot be distributed among thousands of unfortunates."

"Do you think that I do not know there are beings who are suffering and oppressed peoples to help?"

I then understood that he had given the gold to Crete, which had risen up against the Turks.

The following day we rose to the surface, and there was no longer any land in sight. We were sailing towards the south-west.

That night, Captain Nemo proposed a long excursion to the submarine depths. We put on diving suits and went out, but without electric lamps, for in the distance there was a kind of fire which glowed in the darkness of the night.

Tras dos horas de andar entre fango, rocas y árboles petrificados, llegamos a una montaña y la escalamos. Era un volcán que echaba lava; de ahí la luz.

Al otro lado de la cima vi una ciudad en ruinas: restos de columnas, edificios caídos, murallas derribadas. El capitán escribió una palabra: Atlántida. ¡La famosa isla-continente de la que habló Platón! Allí vivía el poderoso pueblo de los atlantes, con quienes lucharon los antiguos griegos. Un cataclismo hundió este enorme continente en medio del océano y de él emergen aún sus picos más altos: las islas Madeira, Azores y Canarias. ¡Qué emoción al contemplarlo!

After two hours of walking through mud, rocks and petrified trees, we reached a mountain, and we climbed it. It was a volcano from which lava was pouring, and this was the source of the glow.

On the other side of the peak, I saw a ruined city: fallen columns, buildings, walls. The captain wrote one word: "Atlantis". The famous island continent of which Plato had written! There had lived the powerful Atlantides people, with whom the ancient Greeks had waged war. A cataclysm had sunk this enormous continent beneath the waves, and from them can still be seen their highest peaks: the islands of Madeira, the Canary Islands and the Azores. How excited I felt on seeing it!

Dos días después amanecimos flotando sobre un gran lago, en el interior de una caverna oscura. No entendía nada.

—Estamos dentro de un volcán apagado —me explicó el capitán—. El *Nautilus* entró por un canal natural a 10 m bajo el océano. Es un puerto seguro y aquí cogemos provisiones de sodio para producir electricidad. Mientras, pueden salir a pasear bordeando el lago.

Así lo hicimos y escalamos un poco por la pared del volcán. Arriba vimos gavilanes y Ned cazó una avutarda. En el lago había muchos cangrejos y langostas.

Two days later, dawn found us floating on a huge lake, inside a dark cavern. I did not understand any of this.

"We are inside an extinct volcano" the captain explained." The *Nautilus* got here through a natural canal 10 metres below the surface of the ocean. It is a safe haven, and here we can get the sodium to provide the electricity. Meanwhile, you might want to walk round the lagoon."

We did so, and climbed up the walls of the volcano. At the top we saw sparrow hawks, and Ned caught a bustard. In the lake there were crabs and lobsters.

El *Nautilus* siguió navegando hacia el suroeste y entramos en el mar de los Sargazos: una zona llena de algas debido a la corriente cálida del Golfo.

El 13 de marzo hicimos el experimento de bajar hasta el fondo del océano para saber a qué profundidad dejaba de haber vida. A 13.000 m, las aguas desiertas eran del todo transparentes y aún no se veía el fondo. El *Nautilus* bajó más, a pesar de la fuerte presión que se notaba en el cristal del salón y en el ruido de las paredes. Todavía veía algunos moluscos, pero por debajo de 15.000 m ya no existía vida.

—¡Qué emoción! —exclamé—. ¡Recorrer estas zonas profundas donde el hombre

The *Nautilus* continued sailing south-west and we entered the Sargasso Sea: an area full of algae thanks to the Gulf Stream.

On 13th March, we conducted an experiment by going to the bottom of the ocean to find out at what depth there ceased to be any life. At 13,000 metres, the deserted waters were completely transparent, and yet the ocean floor could not be seen. The *Nautilus* dived further, in spite of the strong pressure that could be detected on the glass panels of the lounge, and the noise coming from the walls. I could still see a few molluscs, but below 15,000 metres there no longer existed anything.

"What excitement!" I exclaimed. "To pass over these deep regions which man has never reached! Look, captain, at those magnificent granite rocks."

jamás ha llegado! Vea, capitán, esas magníficas rocas de granito.

El capitán me ofreció la posibilidad de fotografiarlo y sacó una cámara.

Viajando hacia el sur, el *Nautilus* dejó atrás América. ¿Qué pretendía el capitán? ¿Llegar al Polo Sur? Ned sentía cada vez más rabia por no poder huir.

Un día vimos cerca varias ballenas. Ned quiso cazar una, pero el capitán no le dejó.

—No necesitamos aceite de ballena. Sería matar por matar. Con esa costumbre asesina del hombre se acabará esta especie.

The captain offered me the opportunity of photographing them and he took out a camera.

Travelling southwards, the Nautilus left America behind. What were the captain's intentions? To get to the South Pole? Ned was getting angrier and angrier at not being able to escape.

One day nearby we saw several whales. Ned wanted to capture one, but the captain would not allow him to.

"We do not need whale oil. It would be killing for the sake of killing. With that murderous custom, the species will die out."

Capítulo 9 / Chapter 9

Atrapados en el Polo Sur
Trapped at the South Pole

El *Nautilus* navegaba hacia el sur entre hielos flotantes. Ned ya conocía los icebergs, pero Conseil y yo los veíamos por primera vez. Los petreles y otras aves polares se posaban en el submarino entre chillidos.

A la altura de las islas Orcadas del Sur, el capitán Nemo me dijo que los balleneros ingleses y americanos habían acabado con las focas que vivían allí.

El 18 de marzo, una interminable barrera de hielo con montañas y picos helados de 60 m nos impidió continuar.

The *Nautilus* sailed southwards through ice floes. Ned was already familiar with icebergs, but Conseil and I were seeing them for the first time. The petrels and other polar birds perched on the submarine with their shrill cries.

As we reached the region of the South Orkneys, Captain Nemo informed me that the British and American whalers had wiped out the seals which used to live there.

On 18th March, an interminable barrier of ice with mountains and frozen peaks 60 m high prevented us going any further.

—El *Nautilus* llegará al Polo Sur por debajo de los hielos. Si hay un continente en el Polo se detendrá, pero si hay mar llegará —me dijo el capitán.

"The *Nautilus* will get to the South Pole underneath the ice. If there is a continent at the Pole it will be stopped, but if there is sea it will get there," the captain told me.

Nos sumergimos a 800 m y avanzamos con la luz del submarino. Dos días después ¡llegamos a mar libre! La temperatura era aquí de 3 °C y divisamos un islote. Al acercarnos vimos que estaba cerca de tierra firme. ¡Podría ser un continente! Se lanzó la canoa al mar y llegamos a una playa. El capitán Nemo fue el primero en pisarla. Emocionado de haber descubierto ese territorio, se quedó un rato mirándolo.

Bajamos los demás y vimos un suelo de lava, conchas de moluscos, líquenes sobre las

We went down to 800 metres and went forward using the light of the submarine. Two days later we reached open sea! The temperature here was 3 °C, and we spotted an islet. When we approached it, we saw that it was close to dry land. It might be a continent! The canoe was launched into the sea and we got to a beach. Captain Nemo was the first to set foot on it. Excited at having discovered that land, he stood there for a while, looking at it.

The rest of us got out and we saw a ground surface made up of lava, and there were mollusc

rocas, pingüinos, focas, morsas y muchas aves volando: albatros, petreles…

—Desde 1660, muchos han intentado llegar al Polo Sur; pero soy yo, capitán Nemo, quien lo ha alcanzado y tomo posesión de él, hoy 21 de marzo de 1868.

Y colocó una bandera negra con una N.

Al día siguiente comenzaba la noche polar: durante seis meses no saldría el sol y ese mar se helaría. El *Nautilus* se sumergió para regresar hacia el norte, pero a las pocas horas chocó. Un iceberg se había derrumbado y la masa de hielo había bloqueado el *Nautilus*.

shells, lichen on the rocks, penguins, seals, walruses and many birds flying overhead - albatrosses, petrels...

"Ever since 1660, many have tried to get to the South Pole, but it is I, Captain Nemo, who has reached it and take possession of it, on this day, 21st March 1868."

And he planted a black flag with an N on it.

The next day the polar night started; for six months the sun would not rise and that sea would freeze over. The *Nautilus* submerged again to return northwards, but after a few hours, it collided with an iceberg which had collapsed, and the resulting mass of ice had blocked the *Nautilus*.

—Los recipientes de oxígeno solo nos darán aire dos días —dijo el capitán—. Taladraremos el hielo de abajo.

Hicimos turnos para picar el hielo y salimos con las escafandras. Al capitán se le ocurrió lanzar chorros de agua hirviendo y nuestro trabajo se aceleró. Ya casi no podíamos respirar dentro de la nave, cuando el *Nautilus* perforó con su peso el último metro de hielo y navegó por fin bajo el bloque a gran velocidad. Después el capitán inclinó la nave para que el espolón de proa perforase los hielos de arriba y logró salir a flote. El aire puro entró de golpe al abrir la escotilla y nos dio la vida.

"The oxygen containers will give us air for only two days" said the captain. We shall drill through the ice below."

We took turns to hack at the ice and we went out with the diving suits on. The captain had the idea of using jets of boiling water, and our work speeded up. By now we could hardly breathe inside the ship when the *Nautilus,* with its weight, broke through the last metre of ice and finally sailed below the blockage at high speed. Then the captain inclined the ship so that the spur on the prow might pierce the ice above, and thus managed to sail out. Fresh air flooded in when the hatch opened, and revived us.

Seguimos navegando por el Atlántico y pude estudiar los animales marinos de América del Sur. Al llegar a las Antillas nos vimos rodeados por pulpos gigantes. De pronto, el *Nautilus* se paró, pues uno se había enganchado en la hélice.

Subimos a la superficie y al abrir la escotilla una pata se metió por la escalera. El capitán la cortó con el hacha, pero otras dos patas agarraron a un marinero. Todos nos pusimos a dar hachazos. De pronto, el pulpo lanzó un chorro de tinta que nos cegó. Cuando pudimos ver, ya no estaban el pulpo ni el marinero. El capitán miró la mar y lloró la muerte de su compañero.

We went on sailing through the Atlantic and I was able to study the marine creatures of South America. On reaching the Antilles we became surrounded by giant octopuses. Suddenly, the *Nautilus* stopped, as one had got caught in the propeller.

We surfaced and on opening the hatch, one of its tentacles reached down the steps. The captain chopped it off with an axe; but another two had grabbed one of the sailors. We all attacked it with axes, and suddenly the octopus shot out a jet of ink which blinded us. When we could see, neither the octopus nor the sailor was there any longer. The captain looked at the sea and wept for the death of his shipmate.

Cerca de la costa de Canadá, Ned me pidió que hablara con el capitán; él ya no aguantaba más ese encierro.

—Quien entra en el *Nautilus* no debe abandonarlo jamás —repitió el capitán.

Solo nos quedaba la huida.

Al llegar a las costas de Inglaterra y Francia, el *Nautilus* se sumergió y por el cristal vi un antiguo barco naufragado.

—Es el *Vengador* —dijo el capitán—, un buque francés que, tras un combate heroico con los ingleses en 1794, prefirió hundirse con su tripulación a rendirse.

Cuando el *Nautilus* volvió a flote, se oyó un cañonazo. Era un buque de guerra que venía hacia

Near the coast of Canada, Ned asked me to speak to the captain, as he could no longer bear to be shut in.

"Whoever boards the *Nautilus* must never again leave it," repeated the captain.

So our only hope was flight.

Having reached the coasts of England and France, the *Nautilus* submerged, and through the glass, we saw an old shipwreck.

"This is the *Avenger,*" said the captain, "a French warship which, after a heroic fight against the British in 1794, preferred sinking with its sailors to surrendering."

When the *Nautilus* again surfaced, a gunshot was heard. It was a warship which was approaching. They must have been

nosotros. Seguro que buscaban el submarino después del ataque a la fragata *Abraham Lincoln.* Quizá también el capitán Nemo había atacado a otro barco la noche que nos encerró y que murió uno de los suyos. Quise hablarle, pero él me gritó furioso:

—Por culpa de ellos murió todo lo que amé: patria, mujer, hijos, padres... ¡Hago justicia!

Mis compañeros y yo decidimos huir cuando el acorazado estuviese cerca; pero el *Nautilus* se sumergió para que su espolón de proa rompiese el casco del barco. Sentimos el choque y por el cristal vi cómo caían al agua los tripulantes. El capitán se fue a su camarote y le vi llorar ante la imagen de una mujer y dos niños.

En los días siguientes no volvimos a ver a nadie del *Nautilus,* que navegaba hacia el norte. Ned me insistió en que había que huir, pues estábamos cerca de tierra. El horror que sentía por lo ocurrido no me hizo

searching for the submarine after the attack on the frigate *Abraham Lincoln.* Perhaps also Captain Nemo had attacked another ship that night when he locked us up ,when one of his men died. I wanted to speak with him, but he shouted at me furiously:

"Because of them everything I loved died: my country, wife, children, parents. I am justice!"

My companions and I decided to flee once the battleship was near, but the *Nautilus* submerged so that the spur on the prow might pierce the hull of the ship. We felt the crash and through the glass I saw the crew fall into the water. The captain went to his cabin and I saw him crying before a picture of a woman and two children.

During the following days, we did not see anyone from the *Nautilus,* which was sailing northwards. Ned insisted that we had to flee, as we were close to land. The horror that I felt for what had happened meant that I did not hesitate, but I was sorry to see for the last time the

dudar, pero sentí ver por última vez aquel fabuloso museo del *Nautilus*. Poco antes de la huida, oí tocar el piano: ¡era el capitán!

Una vez en la canoa, oímos gritar desde dentro «¡Maelstrom!», nombre del terrible remolino que se forma en la costa noruega. Fuimos arrastrados con gran velocidad y la canoa salió despedida. Yo me golpeé la cabeza y perdí el sentido.

Cuando desperté, estaba en la cabaña de un pescador de las islas Lofoten junto a mis dos compañeros. No sé qué fue del *Nautilus* y del capitán Nemo. Espero que sigan surcando los mares y que la contemplación de tantas maravillas apague en él su deseo de venganza y solo se dedique a conocer el fondo submarino, como hicimos juntos a lo largo de las 20.000 leguas que recorrimos.

fabulous *Nautilus* museum. Shortly before we fled, I heard the piano. It was the captain!

Once we were in the canoe, we heard a shout from within "Maelstrom!" the name of a terrible whirlpool which builds up on the coast of Norway. We were dragged out at high speed and the canoe was tossed around. I banged my head and lost consciousness.

When I awoke, I was in a fisherman's hut on the Loffoden Isles, beside my two companions. I do not know what became of the *Nautilus* nor of Captain Nemo. I hope they continue to plough through the seas and that the contemplation of so many marvels will appease in him the desire for revenge, and that he devotes himself solely to the study of the sea bed, as we did during the 20,000 leagues we travelled together.

Julio Verne

Este autor francés (Nantes, 1828-Amiens, 1905) es un clásico de la literatura juvenil por sus novelas de aventuras de tipo científico, en las que llega a crear historias de ciencia ficción. Su entusiasmo por los avances tecnológicos de su tiempo, su cultura enciclopédica y su poderosa imaginación llenan todas sus novelas, que anticipan incluso inventos científicos muy posteriores.

Consiguió tal fama con *Cinco semanas en globo* (1862), que siguió haciendo libros de aventura fantástica con su fiel editor. *Veinte mil leguas de viaje submarino* se publicó por entregas entre 1869 y 1870. Sorprenden las descripciones de tantos seres y paisajes marinos, y de inventos que aún no existían o que él mejoró con su imaginación: submarino eléctrico, escafandras de buceo. Otros célebres novelas suyas son: *Viaje al centro de la Tierra, La vuelta al mundo en 80 días* y *La isla misteriosa*.

This French writer (Nantes 1828 - Amiens 1905) wrote classic adventure novels of a scientific nature, in which he creates stories of science fiction. His enthusiasm for the technological breakthroughs of his day; his encyclopaedic knowledge and his powerful imagination are present in all his novels, which even anticipate scientific inventions of many years later.

His first novel, *Five Weeks in a Balloon,* (1862) made him so famous that he went on writing fantastic adventure stories with his faithful publisher. *Twenty Thousand Leagues Under the Sea* was published in installments in 1869 and 1870. His descriptions of so many marine creatures and landscapes are surprising, as are the inventions which as yet did not exist, or which he improved on with his imagination, such as electric submarines and diving suits. Other of his famous books are *Journey to the Centre of the Earth; Around the World in 80 Days,* and *The Mysterious Island.*

CONTEXTO HISTÓRICO

Julio Verne situaba la acción de sus novelas en su propia época: la segunda mitad del siglo XIX, en plena revolución industrial y cuando los avances técnicos y científicos hacían confiar en la capacidad del hombre para dominar la naturaleza. Este entusiasmo por la ciencia es visible en *Veinte mil leguas de viaje submarino*.

Cuando escribió esta novela en 1869-1870, aún no existía la navegación bajo el mar, aunque sí se habían ideado y construido aparatos submarinos: uno con remos en el siglo XVII y varios mecánicos en el XIX. Así, en 1800 el estadounidense Robert Fulton construyó en Francia uno de hélice, al que llamó *Nautilus;* en 1863 se probó otro francés de aire comprimido; Narciso Monturiol creó en 1867 en Barcelona uno con motor de combustión, y el primer submarino militar útil fue el de Isaac Peral, en 1888 en Cartagena. Julio Verne se inspiró en el *Nautilus* pero el modelo que ideó estaba bastante más evolucionado y, de hecho, fue un estímulo para futuros inventores. Igual ocurre con su diseño de escafandra, que superaba la del alemán Siebe, creador del traje impermeable, y el depósito de aire inventado en 1860.

Este autor se documentaba también históricamente para escribir sus obras. Cita así el canal de Suez, que se construyó entre 1859 y 1869 con dinero francés y egipcio, y habla del imperialismo inglés.

HISTORICAL CONTEXT

Jules Verne set the action of his novels in his own time, the second half of the nineteenth century, at the height of the Industrial Revolution, and when scientific and technological advances were making it possible to believe in man's ability to control nature. This enthusiasm for science can be seen in *Twenty Thousand Leagues Under the Sea.*

When he wrote the novel, in 1869 - 1870, sailing under water was still nonexistent, although submarine devices had been conceived and constructed, one with oars in the eighteenth century and several mechanical ones in the nineteenth. In 1800 the American Robert Fulton built a propeller-driven device in France, which he named *Nautilus.* In 1863 there was another French machine using compressed air. In 1867, in Barcelona, Narciso Monturiol built one with a combustion engine, and the first usable military submarine was the one built by Isaac Peral, in Cartagena in 1888. Jules Verne was inspired by the *Nautilus,* although the ship he imagined was substantially more developed and was in fact a spur for future inventors. The same thing happened with the design of diving suits, which surpassed that invented by the German, Siebe, inventor of the waterproof suit, and the air tank in 1860.

Jules Verne also makes use of historical events in his stories. He thus makes reference to the Suez Canal, built between 1859 and 1869 with French and Egyptian finance, and also speaks of British imperialism.